RAZAS DE CABALLOS FAVORITOS

CABALLOS CLYDESDALE

por Cari Meister

AMICUS | AMICUS INK

Amicus High Interest y Amicus Ink están publicados por Amicus
P.O. Box 1329, Mankato, MN 56002
www.amicuspublishing.us

Información del catálogo de publicaciones de la biblioteca del congreso
Names: Meister, Cari, author.
Title: Caballos Clydesdale / by Cari Meister.
Other titles: Clydesdale horses. Spanish
Description: Mankato, Minnesota : Amicus, [2019] | Series: Razas de caballos favoritos | Audience: K to Grade 3. | Includes index.
Identifiers: LCCN 2018002374 | ISBN 9781681516158 (library binding)
Subjects: LCSH: Clydesdale horse--Juvenile literature. | Horse breeds--Juvenile literature.
Classification: LCC SF293.C65 M4518 2019 | DDC 636.1/5--dc23
LC record available at https://lccn.loc.gov/2018002374

Créditos de imágenes: Juniors/Superstock cubierta; Melory S/123RF 2, 24; 16, Colin Monteath/Minden 5; Brad Hargreaves/Shutterstock 6; Travel Ink/Getty 8–9; Mary Evans/Grenville Collins Postcard Collection/MaryEvans 10–11; Ory Photography/Shutterstock 12-13; Tamara Gooch/Alamy 14; Joy Brown/Shutterstock 17; Mark Langford/Getty 18–19; Paul Keleher from Mass, US/CommonsWikipedia 21; C.Slawik/Juniors/Alamy 22

Editora: Wendy Dieker
Diseñador: Veronica Scott
Investigación fotográfica: Holly Young

Impreso en China

HC 10 9 8 7 6 5 4 3 2 1

TABLA DE CONTENIDO

UN CABALLO ALTO

Es difícil equivocarse con un Clydesdale. ¡Es muy grande! Puede tener hasta 18 palmos de altura. Eso es unos 6 pies (1.8 m) desde el suelo hasta su **cruz**.

¿Sabías?

El caballo tiene un bulto óseo donde la crin se encuentra con la espalda. A esta parte se le llama la cruz.

6

PATAS GRANDES

Un Clydesdale tiene patas muy grandes. ¡Sus **herraduras** son del tamaño de los platos de comida! Una herradura llega a pesar 5 libras (2.3 kg). Es el doble del tamaño de una herradura de un caballo de carreras.

CABALLOS DE TIRO

Los Clydesdales son de Escocia. Es un **caballo de tiro** pesado. Trabajaba en granjas. Tiraba de los arados. Es un caballo poderoso.

TERRACE AND ROOF GARDE
PACKERS WILSON & CO. PROVISIONERS

PODER DE TIRO

En las ciudades, equipos de Clydesdales tiraban de los vagones. Los soldados los usaban en la guerra. Estos caballos podían tirar de los cañones. Tiraban de carros pesados con equipamiento.

LISTO PARA EL INVIERNO

Los Clydesdales están hechos para el invierno. Tienen una capa gruesa. Les ayuda a mantener al caballo caliente. Tienen crines y colas gruesas, también.

PLUMAS

Los Clydesdales tienen pelo largo en la parte inferior de sus patas. A menudo es blanco. Puede ser marrón. Puede ser negro. Ayuda a mantener sus patas calientes.

¿Sabías?

El pelo largo en las patas de un Clydesdale se llama "plumas".

UN GRAN COMILÓN

Un Clydesdale necesita comer mucho. Come pasto en las **pasturas**. También come grano y **heno**. ¡Los Clydesdales comen de 20 a 50 libras (9 a 23 kg) de heno al día!

BEBÉS GRANDOTES

¡Un nuevo Clydesdale es muy grande! Pesa 100 libras (45 kg) cuando nace. Su madre lo alimenta con 25 libras (11 kg) de leche al día. El **potro** crece rápido.

EN EL DESFILE

Los Clydesdales son grandes y fuertes. Pero son graciosos y divertidos de montar. ¡Puedes ver a estos gigantes amables en los desfiles muy adornados!

¿CÓMO SABES QUE ES UN CABALLO CLYDESDALE?

PALABRAS QUE DEBES CONOCER

caballo de tiro – un caballo alto y poderoso que se cría para tirar de carretas y equipamiento.

cruz – la parte huesuda donde la base de la crin del caballo se encuentra con la espalda.

heno – hierba seca con que los granjeros y rancheros alimentan a sus animales.

herradura – una pieza curva de metal clavada en la pezuña de un caballo para proteger la pezuña y darle agarre.

pasturas – áreas abiertas de hierba donde los animales de la granja y el rancho pueden correr y comer pasto.

potro – un caballo bebé.

ÍNDICE